01-15

 W9-BNP-160

SCHOLASTIC explora tu mundo™

Los pingüinos

Penelope Arlon
y Tory Gordon-Harris

Cómo explorar tu mundo

Los pingüinos es un libro muy fácil de usar. Si conoces sus partes, vas a disfrutar y a aprender más al leerlo.

Las páginas

Cada página es diferente, pero todas están llenas de información, fotos espectaculares y datos interesantes.

En la introducción se dice de lo que tratan las páginas.

Los rótulos explican lo que aparece en las ilustraciones.

Este símbolo indica que el pingüino que aparece en la página está en peligro de extinción.

EN PELIGRO

Pingüino rey

Los pingüinos rey son fáciles de reconocer por el llamativo plumaje amarillo y anaranjado de la cabeza y el cuello.

········ Adulto

Polluelo en la muda

Polluelo con plumón

La muda de las crías
Las crías de pingüino rey mudan, es decir, pierden el plumón de polluelo, a los 10 meses de edad.

62

Los pingüinos rey cuidan a sus crías por unos

Libro digital complementario

Descarga gratis el libro digital **La fabulosa Antártida** en el sitio de Internet en inglés:

www.scholastic.com/discovermore

**Escribe este código:
RCCWNXD77449**

Explora este continente helado

Las leyendas te dan más información sobre el tema.

El texto en letra chica te ofrece datos interesantes sobre las ilustraciones.

Vecinos en la playa
Los pingüinos rey muchas veces viven en playas donde hay elefantes marinos. Por suerte, los elefantes marinos no los cazan en tierra.

elefante marino

El elefante marino nada tan rápido que puede alcanzar a los pingüinos en el agua, pero en tierra es muy lento.

REY
Aptenodytes patagonicus

ALTURA
38 pulgadas (97 cm)

ÁREA DE CRÍA
Islas alrededor de la Antártida

Antártida

Poblaciones de las islas
Poblaciones continentales

POBLACIÓN
2,2 millones de parejas

CARACTERÍSTICAS
Plumas amarillas y naranjas en la cabeza

Aprende más
sobre los polluelos en la pág. 52.

Un trabajo complicado
Las crías de pingüino rey no se separan de sus padres por unas ocho semanas. Entonces van a la guardería. ¡Un adulto se queda a cargo de todas las crías en la guardería!

14 meses: ¡más tiempo que cualquier otra ave!

El renglón inferior contiene datos breves y preguntas.

...odytes patagonicus

ALTURA
38 pulgadas (97 cm)

ÁREA DE CRÍA
Islas alrededor de la Antártida

Los cuadros de datos ofrecen información y estadísticas sobre cada pingüino.

Aprende más
Este símbolo te lleva a otra página con más información.

Busca los temas en el contenido.

Busca las palabras nuevas en el glosario.

Busca una palabra en el índice para ver en qué páginas aparece.

Banquisas

Haz clic en los rótulos para ver más información

Animales marinos

Artículos de enciclopedia con datos interesantes

Comprueba

Preguntas sobre la Antártida

Contenido

Consultora: Cherry Alexander
Consultora educativa: Jane E. Mekkelsen,
Literacy & Learning Connections LLC
Directora de arte: Bryn Walls
Diseñadora: Ali Scrivens
Editora general: Miranda Smith
Editora en EE.UU.: Beth Sutinis
Editores en español: María Domínguez,
J.P. Lombana
Diseñadora de la cubierta: Natalie Godwin
DTP: Sunita Gahir, John Goldsmid
Investigación fotográfica: Dwayne Howard,
Alan Gottlieb
**Director ejecutivo de fotografía,
Scholastic:** Steve Diamond

Originally published in English as *Scholastic Discover More™: Penguins*

Copyright © 2012 by Scholastic Inc.
Translation copyright © 2012 by Scholastic Inc.
All rights reserved. Published by Scholastic Inc.,
Publishers since 1920. SCHOLASTIC, SCHOLASTIC EXPLORA TU
MUNDO™, and associated logos are trademarks and/or
registered trademarks of Scholastic Inc.

No part of this publication may be reproduced, stored
in a retrieval system, or transmitted in any form or by any
means, electronic, mechanical, photocopying, recording, or
otherwise, without written permission of the publisher. For
information regarding permission, write to Scholastic Inc.,
Attention: Permissions Department,
557 Broadway, New York, NY 10012.

Library of Congress Cataloging-in-Publication
Data Available

ISBN 978-0-545-45887-0
10 9 8 7 6 5 4 3 2 1   12 13 14 15 16

Printed in Singapore 46
First Spanish edition, September 2012

Scholastic hace esfuerzos constantes por reducir el
impacto ecológico de nuestros procesos de manufactura.
Para ver nuestras normas para la obtención de papel,
visite www.scholastic.com/paperpolicy.

¿Qué es un pingüino?

Un pingüino es un ave. Pero los pingüinos no vuelan. Pasan la mayor parte del tiempo en el agua. Los pingüinos son nadadores expertos.

pingüino emperador

Los pingüinos tienen plumas como todas las aves. Las plumas de los pingüinos son impermeables.

Las alas de los pingüinos son como las aletas de los delfines, ideales para nadar.

Las crías de pingüino nacen en tierra, cubiertas de suave plumón.

6

Se cree que "pingüino" proviene de *pinguis*, que en

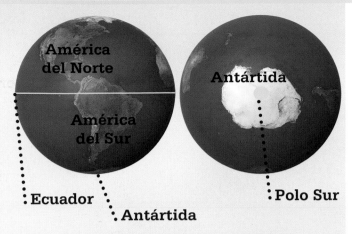

América del Norte

Antártida

América del Sur

Ecuador

Antártida

Polo Sur

¿Dónde viven?

Los pingüinos viven en el sur, y la mayoría está en la Antártida o cerca de ella. Al norte del ecuador, la línea imaginaria del centro de la Tierra, no hay pingüinos.

Bandadas de pingüinos

Los pingüinos pasan la mayor parte de su vida en el agua, pero vuelven a la tierra para tener sus crías. Generalmente se reúnen en grandes bandadas para poner los huevos.

Aprende más
sobre las colonias de pingüinos en la pág. 46.

Tipos de pingüinos

Hay 17 tipos diferentes de pingüinos. ¡Y cuando termines este libro serás capaz de nombrar cada uno de ellos!

pulgadas
34
32
30
28
26
24
22
20
18
16
14
12
10
8
6
4
2

El pingüino azul es el más pequeño de los pingüinos y tiene plumas azuladas.

El pingüino de Galápagos tiene el pico más largo y fino que casi todos los demás.

pingüino azul

NOMBRE CIENTÍFICO:
Eudyptula minor
ALTURA:
18 pulgadas (46 cm)
POBLACIÓN:
500.000 parejas
DIETA:
Peces chicos, calamares y crustáceos
NIDOS:
Madrigueras o resquicios en rocas cubiertos de plantas

pingüino de Galápagos

NOMBRE CIENTÍFICO:
Spheniscus mendiculus
ALTURA:
20 pulgadas (51 cm)
POBLACIÓN:
1.000 parejas
DIETA:
Lisas, sardinas y calamares
NIDOS:
Madrigueras simples

latín significa "regordete".

Otros pingüinos

El pingüino más pequeño te llegaría solo a la rodilla, ¡pero el más grande es del tamaño de un niño de siete años!

El pingüino del Cabo tiene patas negras y áreas rosadas alrededor de los ojos.

34 pulgadas
32
30
28
26
24
22
20
18

10
8
6
4
2

El pingüino de penacho amarillo tiene plumas en la cabeza.

La cresta del pingüino de Nueva Zelanda va desde el pico hasta la parte superior de su cabeza.

El pingüino de Snares tiene el pico grueso con una franja blanca en la base.

pingüino de penacho amarillo

NOMBRE CIENTÍFICO:
Eudyptes chrysocome
ALTURA:
23 pulgadas (58 cm)
POBLACIÓN:
1,2 millones de parejas
DIETA:
Peces, krill y calamares
NIDOS:
Madrigueras en las rocas

pingüino de Nueva Zelanda

NOMBRE CIENTÍFICO:
Eudyptes pachyrhynchus
ALTURA:
24 pulgadas (61 cm)
POBLACIÓN:
3.000 parejas
DIETA:
Peces, krill y calamares
NIDOS:
En cuevas o gruesas plantas colgantes

pingüino de Snares

NOMBRE CIENTÍFICO:
Eudyptes robustus
ALTURA:
26 pulgadas (66 cm)
POBLACIÓN:
29.000 parejas
DIETA:
Peces, krill y calamares
NIDOS:
Nidos poco profundos cubiertos con ramitas

pingüino del Cabo

NOMBRE CIENTÍFICO:
Spheniscus demersus
ALTURA:
27 pulgadas (69 cm)
POBLACIÓN:
26.000 parejas
DIETA:
Peces y krill
NIDOS:
Madrigueras bajo rocas o arbustos

Aprende a identificar los distintos tipos de pingüinos y

El pingüino crestado tiene una cresta muy erecta.

El pingüino barbijo es fácil de reconocer: parece que tiene puesto un casco sujetado con una correa.

El pingüino de Humboldt tiene plumas color café y una banda sobre el pecho.

El pingüino de Magallanes tiene dos bandas negras en forma de herradura alrededor de la panza.

pingüino crestado

NOMBRE CIENTÍFICO: *Eudyptes sclateri*
ALTURA: 28 pulgadas (71 cm)
POBLACIÓN: 83.000 parejas
DIETA: Calamares y krill
NIDOS: Nidos abiertos en superficies rocosas

pingüino barbijo

NOMBRE CIENTÍFICO: *Pygoscelis antarcticus*
ALTURA: 28 pulgadas (71 cm)
POBLACIÓN: 6 millones de parejas
DIETA: Peces, krill y camarones
NIDOS: Nidos circulares hechos de guijarros

pingüino de Humboldt

NOMBRE CIENTÍFICO: *Spheniscus humboldti*
ALTURA: 29 pulgadas (74 cm)
POBLACIÓN: 6.000 parejas
DIETA: Anchoas, arenques y crustáceos
NIDOS: En cuevas y acantilados

pingüino de Magallanes

NOMBRE CIENTÍFICO: *Spheniscus magellanicus*
ALTURA: 29 pulgadas (74 cm)
POBLACIÓN: 1,3 millones de parejas
DIETA: Peces, krill y calamares
NIDOS: Madrigueras bajo rocas o arbustos

sorprende a tus amigos. Todos son diferentes.

Más pingüinos

52 pulgadas
50
48
46
44
42
40
38
36
34
32
30
28
26
24
22
20
18

10
8
6
4
2

El pingüino de Adelia tiene el pecho muy blanco y círculos también blancos alrededor de los ojos.

El pingüino real es el único pingüino que tiene casi toda la cara y la mandíbula blancas.

El pingüino macaroni tiene borlas amarillas y anaranjadas entre los ojos.

El pingüino de ojo amarillo tiene una franja amarilla alrededor de la cabeza.

pingüino de Adelia

NOMBRE CIENTÍFICO: *Pygoscelis adeliae*
ALTURA: 30 pulgadas (76 cm)
POBLACIÓN: 2,5 millones de parejas
DIETA: Peces y krill
NIDOS: Nidos circulares hechos de guijarros

pingüino real

NOMBRE CIENTÍFICO: *Eudyptes schlegeli*
ALTURA: 30 pulgadas (76 cm)
POBLACIÓN: 850.000 parejas
DIETA: Peces y calamares
NIDOS: Nidos poco profundos en la arena o sobre guijarros

pingüino macaroni

NOMBRE CIENTÍFICO: *Eudyptes chrysolophus*
ALTURA: 30 pulgadas (76 cm)
POBLACIÓN: 9 millones de parejas
DIETA: Peces, krill y calamares
NIDOS: Nidos poco profundos en el barro o sobre guijarros

pingüino de ojo amarillo

NOMBRE CIENTÍFICO: *Megadyptes antipodes*
ALTURA: 31 pulgadas (79 cm)
POBLACIÓN: 2.000 parejas
DIETA: Peces y calamares
NIDOS: Nidos poco profundos de ramas y hierbas en bosques

El pingüino rey y el emperador tienen plumas amarillas y

El pingüino papúa tiene el pico anaranjado y áreas blancas sobre los ojos.

El pingüino rey tiene la espalda gris plateada y una franja anaranjada en el pecho.

¡El pingüino emperador es el más grande!

pingüino papúa

NOMBRE CIENTÍFICO: *Pygoscelis papua*
ALTURA: 34 pulgadas (86 cm)
POBLACIÓN: 314.000 parejas
DIETA: Crustáceos, peces y calamares
NIDOS: Nidos circulares hechos de rocas y guijarros

pingüino rey

NOMBRE CIENTÍFICO: *Aptenodytes patagonicus*
ALTURA: 38 pulgadas (97 cm)
POBLACIÓN: 2,2 millones de parejas
DIETA: Peces y calamares
NIDOS: No hace nido

pingüino emperador

NOMBRE CIENTÍFICO: *Aptenodytes forsteri*
ALTURA: 50 pulgadas (127 cm)
POBLACIÓN: 200.000 parejas
DIETA: Crustáceos, peces y calamares
NIDOS: No hace nido

ser humano

NOMBRE CIENTÍFICO: *Homo sapiens*
ALTURA A LOS 7 AÑOS: 50 pulgadas (127 cm)
POBLACIÓN: más de 6,500 millones
DIETA: Carne y plantas
NIDOS: Casas hechas de diversos materiales

anaranjadas, pero el pingüino emperador es más grande.

Muchos pingüinos tienen su hogar en los fríos mares cercanos al Polo Sur. Algunos van a la Antártida y las islas cercanas a tener sus crías. Otros viven en zonas más cálidas al sur de diferentes continentes.

Las temperaturas en la Antártida pueden llegar a -94°F (-70°C). ¡Eso sí es frío!

En las costas de Australia y Nueva Zelanda viven pingüinos.

Pingüinos de frío

Algunos pingüinos viven en la fría Antártida y las islas cercanas. Pasan el verano, que es un poco menos frío, en tierra para tener sus crías.

Pingüinos de calor

Algunos viven en sitios donde puede hacer mucho calor: América del Sur, África, Australia y Nueva Zelanda. Pasan mucho tiempo en el agua para refrescarse.

La Antártida es el lugar más frío, ventoso y seco de la

Los pingüinos que viven más al norte son los de las Islas Galápagos, cerca de América del Sur.

Australia

Nueva Zelanda

OCÉANO PACÍFICO

MAR DE ROSS

Antártida

POLO SUR

Algunos tipos de pingüinos viven en la Antártida o cerca de ella.

OCÉANO ÍNDICO

América del Sur

MAR DE WEDDELL

Algunos pingüinos viven en el extremo sur de África.

África

En las costas de Perú y Chile viven pingüinos.

Tierra. Incluso en verano allí hace mucho frío.

Pingüinos en tierra

Es muy cómico ver a un pingüino en la tierra. Andan en dos patas, erectos como los seres humanos.

Pingüino del Cabo

Pingüino emperador

Huesos macizos

Casi todas las aves tienen huesos huecos y ligeros que facilitan el vuelo. Los huesos de los pingüinos son macizos. Eso los ayuda a nadar, pero los hace más lentos en tierra.

Cómo se desplazan

1 Caminan

Cuanto más grande es un pingüino, más lento camina. Los emperadores se mueven en cámara lenta sobre la nieve.

2 Se deslizan

Los pingüinos que viven sobre el hielo se desplazan deslizándose sobre la panza, lo que les resulta más fácil que caminar.

¿Qué otras aves no pueden volar? Una de ellas es el

Los pingüinos tienen uñas afiladas en sus patas palmeadas para sostenerse sobre el hielo y las rocas.

3 Saltan

Cuando un pingüino necesita subir a una roca o un iceberg, nada rápido y salta desde el agua, casi volando, para llegar a la costa.

avestruz, pero hay muchas otras por descubrir.

Pingüinos en el mar

Los pingüinos son lentos en tierra, pero son expertos nadadores. De las aves que no vuelan, son las únicas capaces de nadar bajo el agua.

Las plumas negras de su espalda les sirven de camuflaje, pues hacen que sea difícil verlos desde arriba cuando nadan.

Vuelo submarino

Los pingüinos usan sus alas como aletas bajo el agua. Las agitan al nadar como si estuvieran volando en el aire. Usan las patas para guiar el movimiento, y pueden hacer giros a gran velocidad.

Las plumas blancas de la panza hacen que sea difícil verlos desde abajo.

Aguantar la respiración

Los pingüinos, como las personas, no pueden respirar bajo el agua. Tienen que aguantar la respiración hasta salir a la superficie para respirar. ¡El emperador puede aguantar la respiración hasta por 18 minutos!

Los pingüinos tienen una vista excelente, lo cual es muy útil en las aguas profundas y oscuras.

Aprende más

sobre el nadador más veloz en la pág. 54.

El pingüino emperador puede sumergirse hasta 1.640 pies

A chapotear

Los pingüinos tienen patas palmeadas, lo que les permite chapotear en el agua. Y "reman" con sus aletas como una persona en una canoa.

Los pingüinos parecen patitos cuando nadan en la superficie del agua.

Siesta submarina

Algunos pingüinos pasan hasta nueve meses en el mar. No se sabe cómo duermen. Los científicos creen que toman breves siestas sobre la superficie o bajo el agua.

(500 m) de profundidad para atrapar peces. ¡Es increíble!

Saltos y zambullidas

Los pingüinos nadan muy rápido bajo el agua, pero si quieren ir aun más rápido, saltan sobre la superficie, respiran rápidamente, vuelan sobre las olas y vuelven a sumergirse. Los pingüinos pueden recorrer muchas millas así.

Cuando salen a la superficie, los pingüinos parecen

pequeños delfines. A veces lo hacen para escapar del peligro.

Las plumas

El cuerpo del pingüino está adaptado al frío, por eso puede vivir en lugares donde la mayoría de los animales no podría vivir. Las plumas de los pingüinos los protegen del frío y del agua.

Pingüino rey durante la muda

Las plumas

Se parecen a las de otras aves, pero son más cortas y abundantes. Se amontonan unas sobre otras como las tejas de los techos para proteger la piel del aire frío. El suave plumón de la base protege aun más del frío.

Para cubrir estas dos páginas con plumas de pingüino

La muda

Las plumas de los pingüinos se desgastan. Por eso cada año los pingüinos mudan, es decir, cambian de plumas. Tienen que quedarse en tierra hasta que les salgan las plumas nuevas. Este proceso puede demorar un mes.

▶ **Aprende más** sobre la muda en la pág. 52.

¡Los pingüinos tienen unas 100 plumas por pulgada cuadrada!

Al salir, las plumas nuevas hacen caer las plumas viejas, que se acumulan en grandes montones en el suelo.

Los pingüinos producen un aceite que sale por este orificio que tienen en la cola.

Aceitar las plumas

Los pingüinos tienen unas glándulas cerca de la cola que producen aceite. Con el pico, se untan el aceite sobre las plumas para hacerlas impermeables.

¡necesitarías unas 8.000 plumas!

Café Iceberg

¡Bienvenidos al Café Iceberg! El menú tiene muchas delicias marinas para pingüinos. Los pingüinos comen siempre en el agua.

El calamar es un plato delicioso para los pingüinos. Cuando atrapan uno, lo engullen entero.

A los pingüinos les encantan los peces. Tienen que nadar muy rápido y a gran profundidad para atrapar estas sardinas.

El krill es un camarón muy pequeño. En las aguas de la Antártida hay millones de ellos.

Los peces linterna producen luz, ¡lo cual facilita a los pingüinos la tarea de encontrarlos!

Los pingüinos a veces tienen que viajar cientos de

Los pingüinos tienen que aguantar la respiración y zambullirse para atrapar peces.

CAFÉ ICEBERG

Bebidas saladas

Los pingüinos pueden beber el agua salada del mar, pues tienen unas glándulas que eliminan la sal del agua.

La lengua

Los pingüinos no tienen dientes, pero tienen púas en los picos y la lengua para atrapar a los escurridizos peces.

PESCA DEL DÍA

sardinas
peces linterna

anchoas
krill

calamares
cangrejos

Menú para niños

Las crías de pingüino comen lo mismo que los adultos. El adulto engulle la comida entera y esta se desintegra en el estómago. Entonces la regurgita, es decir, la saca por la boca, para alimentar a sus crías.

millas en busca de peces.

¡Peligro!

Tanto en la tierra como en el mar, los pingüinos tienen que andar con mucho cuidado. Hay depredadores siempre listos para devorarlos.

Las orcas

A las orcas les encanta comer pingüinos, a los que cazan en el mar. Se sabe que a veces las orcas hacen bambolear los icebergs para que los pingüinos que están sobre ellos caigan al mar.

A las orcas se las llama a veces ballenas asesinas, pero en realidad son la variedad más grande de delfines.

Gaviotas y págalos

Ciertas aves, como las gaviotas y los págalos, se roban los huevos de pingüino y se llevan a las crías si están solas. Los huevos y las crías siempre están en peligro, sobre todo en los climas cálidos, donde viven y cazan muchos mamíferos.

Esta gaviota cocinera acaba de robarse un huevo de pingüino papúa y lo lleva en el pico.

Las personas

Desafortunadamente, el peligro más grande para los pingüinos somos nosotros, los seres humanos. Este pingüino está cubierto de petróleo derramado de un barco.

Aprende más sobre los efectos de los derrames de petróleo en la pág. 42.

Las focas leopardo pueden alcanzar 11½ pies (3,5 m) de largo.

Las focas leopardo

Los pingüinos son el alimento preferido y principal de las focas leopardo. Estas focas acechan en las aguas cercanas a las áreas de cría de los pingüinos y los atrapan cuando van al mar en busca de alimento.

Pingüino de Galápagos

Los pingüinos de Galápagos viven en islas mucho más al norte que los otros pingüinos. Son los pingüinos más raros del mundo.

⚠️

EN PELIGRO
(ver pág. 74)

Los pingüinos de Galápagos nadan por el día y duermen en tierra por la noche.

Las Islas Galápagos

Están cerca de América del Sur, en el ecuador. El clima es cálido en las islas, pero el océano Pacífico, que las rodea, es frío, como les gusta a los pingüinos.

GALÁPAGOS

Spheniscus mendiculus

ALTURA
20 pulgadas (51 cm)

ÁREA DE CRÍA
Islas Galápagos

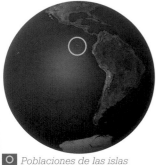

◎ Poblaciones de las islas
▢ Poblaciones continentales

POBLACIÓN
1.000 parejas

CARACTERÍSTICAS
Cuerpo pequeño, pico largo; franja blanca alrededor de la cara

Como en las islas el clima es cálido, estos pingüinos pueden tener sus crías en cualquier época del año.

¡Cuidado con el gavilán!

En las Islas Galápagos viven muchos animales, algunos de ellos muy peligrosos para los pingüinos y sus crías.

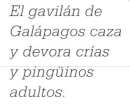

El gavilán de Galápagos caza y devora crías y pingüinos adultos.

Gavilán de Galápagos

La zapaya

La zapaya es un cangrejo al que le gusta comer huevos de pingüino. Incluso se come a las crías pequeñas si sus padres las dejan solas mucho tiempo.

Zapaya

Pingüino de Humboldt

Los pingüinos de estas dos páginas viven en América del Sur. Los pingüinos que viven en áreas cálidas comparten su hábitat con las personas y con muchos otros animales.

La lucha por el espacio

Derechos de pesca

Los pingüinos de Humboldt compiten con las personas por los peces. Si los botes pescan demasiado, no quedan peces para los pingüinos.

Playas llenas

Los pingüinos de Humboldt a veces hacen sus nidos en áreas donde otros animales también tienen sus crías.

Este pingüino hizo un nido en medio de una colonia de pelícanos.

HUMBOLDT
Spheniscus humboldti

ALTURA
29 pulgadas (74 cm)

ÁREA DE CRÍA
Costas de Perú y Chile, América del Sur

Antártida

◉ *Poblaciones de las islas*
▫ *Poblaciones continentales*

POBLACIÓN
6.000 parejas

CARACTERÍSTICAS
Una sola franja negra en el pecho; cara sin plumas, de piel rosada

Los pingüinos de Humboldt y de Magallanes se parecen.

Pingüino de Magallanes

Los pingüinos de América del Sur son más delgados que los de la Antártida porque no necesitan tanta grasa para protegerse del frío.

Para toda la vida

Los pingüinos de Magallanes, como la mayoría de los pingüinos, hallan a su pareja y siguen unidos a ella toda la vida.

▶▶ **Aprende más**
sobre el cortejo de los pingüinos en la pág. 48.

MAGALLANES
Spheniscus magellanicus

ALTURA
29 pulgadas (74 cm)

ÁREA DE CRÍA
Costas frías de Chile y Argentina

Antártida

◯ *Poblaciones de las islas*
☐ *Poblaciones continentales*

POBLACIÓN
1,3 millones de parejas

CARACTERÍSTICAS
Dos franjas negras en el pecho

Compara las franjas negras que tienen en el pecho.

El pingüino gigante

Imagínate un pingüino casi tan alto como un ser humano adulto. Alguna vez existió uno así.

Perú
El fósil del pingüino gigante se halló en Perú, América del Sur.

.... **Perú**

El pingüino gigante medía 5 pies (1,5 m) de alto.

La estatura promedio de los hombres es de 5 pies, 9 pulgadas (1,75 m).

El emperador es el pingüino más grande que existe actualmente.

Un pingüino emperador puede ser más alto que un niño de siete años.

Un extraño gigante

Hoy en día, cuanto más grande es un pingüino, más al sur vive. Es raro que los fósiles del pingüino más grande que se conoce se hallaran tan al norte.

Este pingüino extinto se descubrió hace poco tiempo.

Un fósil gigante

En el año 2010, se descubrió en tierra el fósil de un pingüino gigante. Los científicos creen que vivió hace 36 millones de años, cuando Perú era un conjunto de islas en lugar de ser parte de un continente.

El pingüino gigante tenía un pico mucho más largo que el de los pingüinos actuales.

Los científicos creen que el pingüino arponeaba los peces con su pico de 7 pulgadas (18 cm) de largo.

El rey de las aguas

El nombre oficial del pingüino gigante es *Inkayacu paracasensis*. Pero popularmente se le conoce como el "rey de las aguas".

Los fósiles descubiertos revelaron que el pingüino tenía más plumas grises que blancas.

El buzo

Entre los pingüinos actuales, los más grandes se zambullen a mayor profundidad. El rey de las aguas debió de ser un gran buzo.

¡Quizás haya otros más grandes aun por descubrir!

Pingüino real

En las ocho páginas siguientes verás seis pingüinos con cresta, comenzando con los pingüinos reales. Todos ellos tienen plumas amarillas en la cabeza.

La isla de Macquarie

Los pingüinos reales viven en el mar durante los fríos meses de invierno. En el verano van a un solo lugar, la isla de Macquarie, que está entre Nueva Zelanda y la Antártida, para tener sus crías.

Las colonias de pingüinos reales están tan atestadas, que al final de la estación de cría, todas las plantas quedan aplastadas.

REAL
Eudyptes schlegeli

ALTURA
30 pulgadas (76 cm)

ÁREA DE CRÍA
Isla de Macquarie, entre Nueva Zelanda y la Antártida

Antártida

◉ *Poblaciones de las islas*
▢ *Poblaciones continentales*

POBLACIÓN
850.000 parejas

CARACTERÍSTICAS
Cara y barbilla blancas, espalda negra y cresta amarilla en la cabeza

Hay seis tipos de pingüinos crestados. Trata de

Pingüino crestado

Los pingüinos crestados son los únicos que tienen una cresta erecta.

⚠ **EN PELIGRO**
(ver pág. 74)

Pingüinos misteriosos

Estos pingüinos se ven en las islas durante la época de cría, de septiembre a mayo. Cuando regresan al mar, desaparecen. Nadie sabe a qué lugar del océano van.

CRESTADO

Eudyptes sclateri

ALTURA
28 pulgadas (71 cm)

ÁREA DE CRÍA
Algunas islas al sur de Nueva Zelanda

Antártida

○ *Poblaciones de las islas*
▪ *Poblaciones continentales*

POBLACIÓN
83.000 parejas

CARACTERÍSTICAS
Cara negra con cresta amarilla que puede ser larga y erecta; ojos color café

identificar a cada uno por su cresta.

Pingüino de penacho amarillo

Estos pequeños pingüinos con cresta viven en islas rocosas. Son expertos en saltar y escalar empinados acantilados.

Tienen los ojos de un color rojo mucho más brillante que el de los otros pingüinos con cresta.

Cresta amarilla

PENACHO AMARILLO
Eudyptes chrysocome

ALTURA
23 pulgadas (58 cm)

ÁREA DE CRÍA
Islas cercanas a la Antártida y el extremo sur de América del Sur

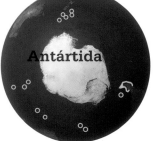

Antártida

○ *Poblaciones de las islas*
▢ *Poblaciones continentales*

POBLACIÓN
1,2 millones de parejas

CARACTERÍSTICAS
Cuerpo blanco y negro; crestas amarillas y ojos rojos; plumas negras erizadas en la cabeza

Los pingüinos de penacho amarillo se parecen a los

Hacen surf

Los pingüinos de penacho amarillo esperan una ola grande para hacer "surf" y subirse a las rocas.

Escalan

Son expertos en escalar, dando saltos para llegar a los acantilados en donde viven.

Saltan

Se lanzan de pie al agua en lugar de zambullirse de cabeza como hacen otros pingüinos.

Los científicos estudian los pingüinos de penacho amarillo para tratar de averiguar por qué sus poblaciones están disminuyendo.

Aves ruidosas

Los pingüinos de penacho amarillo viven en grupos pequeños, pero son muy escandalosos. Se pelean por los materiales para hacer nidos.

EN PELIGRO
(ver pág. 74)

macaroni de la pág. 38. ¿En qué se diferencian sus crestas?

Pingüino de Nueva Zelanda

No se sabe mucho sobre estos pingüinos porque son tímidos y evitan a los seres humanos. Tienen sus crías en la isla sur de Nueva Zelanda.

Los pingüinos de la selva

Los pingüinos de Nueva Zelanda tienen sus crías en la selva. Hacen sus nidos bajo las rocas o en cuevas. Su mayor amenaza son los animales que las personas han traído a la isla, como perros y gatos.

A los pingüinos de Nueva Zelanda se les llama tawaki *en lengua maorí.*

NUEVA ZELANDA

Eudyptes pachyrhynchus

ALTURA
24 pulgadas (61 cm)

ÁREA DE CRÍA
Las selvas tropicales de la isla sur de Nueva Zelanda

Antártida

○ *Poblaciones de las islas*
Poblaciones continentales

POBLACIÓN
3.000 parejas

CARACTERÍSTICAS
Crestas amarillas que van desde el pico hasta detrás de los ojos; cabeza azul

No hay muchos de estos pingüinos en el mundo, pero

Pingüino de Snares

Los pingüinos de Snares tienen sus crías en las islas Snares, al sur de Nueva Zelanda. En esas islas no hay mamíferos, por lo que estos pingüinos no enfrentan grandes peligros.

Bajo protección

No quedan muchos pingüinos de Snares, por eso el gobierno de Nueva Zelanda ha prohibido el turismo en esas islas.

Los pingüinos de zonas cálidas extienden las alas y sacuden las plumas para refrescarse.

SNARES
Eudyptes robustus

ALTURA
26 pulgadas (66 cm)

ÁREA DE CRÍA
Islas Snares, sur de Nueva Zelanda

Antártida

⊙ *Poblaciones de las islas*
▪ *Poblaciones continentales*

POBLACIÓN
29.000 parejas

CARACTERÍSTICAS
Crestas amarillas finas desde la base del pico hasta encima de los ojos; piel blanca bajo el pico

las poblaciones no están disminuyendo.

Pingüino macaroni

En el mundo hay más pingüinos macaroni que de cualquier otro tipo. Los científicos consideran que actualmente hay unos 18 millones de macaronis.

Los macaroni son los más grandes entre los pingüinos con cresta.

Dicen que sí
Los macaroni mueven la cabeza hacia adelante y hacia atrás y dan chillidos cuando buscan pareja.

MACARONI
Eudyptes chrysolophus

ALTURA
30 pulgadas (76 cm)

ÁREA DE CRÍA
Extremo de América del Sur e islas cercanas a la Antártida

Antártida

▣ *Poblaciones de las islas*
▨ *Poblaciones continentales*

POBLACIÓN
9 millones de parejas

CARACTERÍSTICAS
Cara negra; grandes crestas anaranjadas y amarillas que se unen entre los ojos

¿Cómo se identifica a un macaroni? Tiene dos grandes

▶▶▶ **Aprende más**
sobre los huevos
de los pingüinos
en la pág. 50.

Los nidos

Hacen sus nidos con
montones de hierba.

Los huevos

Ponen dos huevos de una
vez cada año, pero sacan
el primero del nido cuando
ponen el segundo. Solo
nace una cría.

Pelo de macaroni

A los pingüinos macaroni se
les llama así por ciertos
ingleses del siglo XVII que
usaban peinados muy raros
y a los que llamaban
macaronis.

crestas anaranjadas que se unen en medio de su frente.

Pingüino del Cabo

⚠️
EN
PELIGRO
(ver
pág. 74)

Los pingüinos del Cabo viven en la costa de Sudáfrica y en las islas cercanas.

El pingüino del Cabo tiene áreas rosadas alrededor de los ojos.

EN PELIGRO

Hoy hay menos pingüinos del Cabo que nunca antes. Por eso en Sudáfrica se han aprobado leyes para protegerlos.

CABO
Spheniscus demersus

ALTURA
27 pulgadas (69 cm)

ÁREA DE CRÍA
Extremo sur de África e islas cercanas

Antártida

⊙ *Poblaciones de las islas*
◻ *Poblaciones continentales*

POBLACIÓN
26.000 parejas

CARACTERÍSTICAS
Franja en forma de herradura en el cuello; áreas rosadas alrededor de los ojos

Atracción turística

En Sudáfrica, los pingüinos viven en las playas que visitan muchas personas. Son muy confiados, por lo que son populares entre los turistas.

En algunas áreas, uno puede nadar con pingüinos del Cabo.

▶▶ **Aprende más** en la página siguiente sobre el peligro que representan para los pingüinos los derrames de petróleo.

Nidos de caca

Estos pingüinos hacían sus nidos con su propia caca, llamada guano. Actualmente, las personas recolectan el guano para abonar las cosechas. Por eso ahora los pingüinos hacen madrigueras en la arena o usan ramas.

¡DERRAME! AL RESCATE

DESASTRE A LA VISTA

Pingüinos en peligro

El 23 de junio de 2000, el tanquero *Treasure* se hundió entre las islas Dassen y Robben, cerca de Sudáfrica, donde viven miles de pingüinos del Cabo. 1.300 toneladas de petróleo cayeron al mar.

El buque accidentado derramó 1.300 toneladas de petróleo

La población local ayuda a los pingüinos

El petróleo es mortal para los pingüinos. Si lo beben es venenoso, y si les cubre las plumas, les entra el agua y se congelan. Más de 20.000 pingüinos quedaron cubiertos de petróleo y todos habrían muerto si la población local no hubiese corrido a ayudarlos. Recogieron a los pingüinos en el océano y los limpiaron y cuidaron.

MÁS DE 20.000 pingüinos llenos de petróleo

La limpieza: Cuatro pasos para limpiar un pingüino

1

Les dieron medicina para limpiar el petróleo que tenían en el estómago.

2

Limpiaron las plumas con un jabón especial hasta eliminar todo el petróleo.

La operación de rescate
Ayuda de la población local

El desastre ocurrió en la época de cría, por lo que miles de crías fueron abandonadas por sus padres, que estaban cubiertos de petróleo. Los pobladores locales recogieron a las crías y las cuidaron hasta que sus padres se recuperaron.

18.516 pingüinos lavados.

3.350 crías de pingüino rescatadas.

2.000 pingüinos murieron, pero muchos más fueron rescatados

Pingüino del Cabo cubierto de petróleo

¡A salvo!
Gracias a los pobladores y los expertos, se salvaron muchos pingüinos.

3 Les dieron comida y los pusieron en tanques hasta que las plumas se volvieron impermeables.

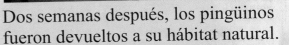

4 Dos semanas después, los pingüinos fueron devueltos a su hábitat natural.

43

Pingüino de ojo amarillo

EN PELIGRO
(ver pág. 74)

Los pingüinos de ojo amarillo son los únicos que tienen los ojos de este color. Son los que corren mayor peligro de extinguirse porque su hábitat está en peligro. Sus poblaciones están disminuyendo constantemente.

Un pingüino muy antiguo

Los pingüinos de ojo amarillo viven en los bosques de Nueva Zelanda y en algunas islas cercanas. Se cree que es la especie de pingüino más antigua. Están en peligro de extinción porque las personas están talando los bosques donde viven.

OJO AMARILLO

Megadyptes antipodes

ALTURA
31 pulgadas (79 cm)

ÁREA DE CRÍA
Costa sur de Nueva Zelanda e islas cercanas

Antártida

⊙ *Poblaciones de las islas*
▪ *Poblaciones continentales*

POBLACIÓN
2.000 parejas

CARACTERÍSTICAS
Ojos amarillos y franjas amarillas alrededor de la cabeza; no son pingüinos con cresta

En la pág. 74 verás como muchas personas están

Pingüino azul

Son los pingüinos más pequeños que existen. De hecho, también se les llama pingüinos pequeños.

Los pingüinos azules se alimentan en el agua de noche y duermen en tierra de día. Los pingüinos de ojo amarillo hacen lo opuesto.

Pingüinos en la ciudad

Los pingüinos azules viven en Australia, Nueva Zelanda y las islas cercanas. Hay una colonia que tiene sus crías en Sydney, la mayor ciudad de Australia.

Esta cría de pingüino azul tiene plumas muy azules.

PINGÜINO AZUL
Eudyptula minor

ALTURA
18 pulgadas (46 cm)

ÁREA DE CRÍA
Costa sur de Nueva Zelanda, Australia y pequeñas islas

Antártida

○ *Poblaciones de las islas*
Poblaciones continentales

POBLACIÓN
500.000 parejas

CARACTERÍSTICAS
Plumas grises y azules, y una franja blanca por el borde de las alas

tratando de evitar que se extingan los pingüinos.

La colonia

Cuando las parejas de pingüinos quieren tener crías, siempre regresan al lugar donde nacieron. Generalmente tienen sus crías en verano, por lo que muchos pingüinos llegan al mismo lugar al mismo tiempo. ¡Una colonia de pingüinos es un lugar atestado y ruidoso!

La anidación

Cuando los pingüinos quieren tener crías, primero deben hallar una pareja. Después, cada pareja busca un sitio seguro donde hacer el nido y cuidar los huevos.

La aprobación de la hembra

Si una hembra queda complacida con las demostraciones del macho, lo expresa mostrándole su espalda.

El cortejo

Para buscar pareja, el macho hace complicadas maniobras ante las hembras para impresionarlas. Agita las alas, estira la cabeza y emite chillidos agudos.

Los pingüinos barbijos también emiten un silbido durante el cortejo.

Habitualmente, sus nidos son simples y en el suelo.

Nido de piedras

Los barbijos hacen nidos circulares de guijarros. La pareja busca los guijarros para hacer el nido.

Nido de hierba

Los pingüinos de ojo amarillo buscan hoyos en el suelo y los cubren de hierbas y ramitas.

Madriguera

Los pingüinos de Magallanes hacen madrigueras bajo los arbustos o buscan hoyos en las rocas de la costa.

La hembra de pingüino emperador imita al macho.

La reverencia

El cortejo de los emperadores es muy elaborado. Los dos pingüinos se yerguen, graznan y hacen una reverencia.

Aprende más
sobre los huevos del pingüino emperador en la pág. 66.

Viaje sobre hielo

La fría Antártida es un lugar lleno de riesgos para los pingüinos de Adelia. Bajo las aguas heladas acecha el peligro, por eso los pingüinos tienen que buscar un lugar seguro.

El refugio en el iceberg

Cuando los pingüinos de Adelia tienen sus crías en el continente, deben pescar en las costas cercanas para alimentarse. Las focas leopardo andan siempre al acecho, listas para atraparlos y devorarlos, por eso los pingüinos se refugian en los témpanos de hielo entre una y otra zambullida.

Pingüino rey

Los pingüinos rey son fáciles de reconocer por el llamativo plumaje amarillo y anaranjado de la cabeza y el cuello.

.... Adulto

Polluelo en la muda

Polluelo con plumón

La muda de las crías

Las crías de pingüino rey mudan, es decir, pierden el plumón de polluelo, a los 10 meses de edad.

Los pingüinos rey cuidan a sus crías por unos

Vecinos en la playa

Los pingüinos rey muchas veces viven en playas donde hay elefantes marinos. Por suerte, los elefantes marinos no los cazan en tierra.

El elefante marino nada tan rápido que puede alcanzar a los pingüinos en el agua, pero en tierra es muy lento.

elefante marino

REY
Aptenodytes patagonicus

ALTURA
38 pulgadas (97 cm)

ÁREA DE CRÍA
Islas alrededor de la Antártida

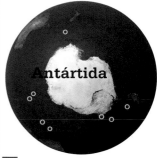

Antártida

⬭ *Poblaciones de las islas*
▢ *Poblaciones continentales*

POBLACIÓN
2,2 millones de parejas

CARACTERÍSTICAS
Plumas amarillas y naranjas en la cabeza

Aprende más ◀◀
sobre los polluelos en la pág. 52.

Un trabajo complicado

Las crías de pingüino rey no se separan de sus padres por unas ocho semanas. Entonces van a la guardería. ¡Un adulto se queda a cargo de todas las crías en la guardería!

14 meses: ¡más tiempo que cualquier otra ave!

Ya son grandes

Cuando la temperatura sube y hace menos frío en la Antártida, el hielo se derrite y entonces el área de cría del pingüino emperador queda más cerca del mar. Ha llegado el momento de que los polluelos vayan al océano, pero estos solo tienen que hacer un breve recorrido para darse su primer chapuzón.

El primer chapuzón

Después de nueve meses de crianza, los padres terminan su tarea. Los polluelos se quedan en tierra dos meses más, hasta mudar las plumas. Cuando les salen las plumas de adulto, caminan hasta el mar y entonces son capaces de alimentarse por sí mismos.

Entrevista

Nombre: Cherry Alexander
Nacionalidad: Británica
Profesión: Fotógrafa polar

P **¿Cuándo comenzaste a tomar fotografías?**

R Desde que tenía ocho años usaba las cámaras viejas de mi padre. Tuve mi primera cámara propia a los doce.

P **¿Cómo viajas a la Antártida?**

R Vuelo al sur de Suramérica o Australia y tomo un buque muy resistente hasta el casco de hielo.

P **¿Por qué te interesaste en retratar pingüinos en la Antártida?**

R Mi primer viaje a la Antártida fue a una colonia de pingüinos emperador y me parecieron animales mágicos. Quedé fascinada.

Tomando fotos
Por suerte, los pingüinos van a tierra a tener sus crías en verano, cuando hay luz todo el día para tomar las fotografías.

con una fotógrafa

P **¿Acampas sobre la nieve?**

R No, duermo en el barco, en un camarote cómodo y calentito.

P **¿Usas ropas especiales para el frío?**

R En el verano antártico, uso ropa de invierno normal. Pero si hace mucho frío, uso ropa interior térmica, un abrigo de pluma y botas de nieve.

P **¿Los pingüinos te tienen miedo?**

R No creo; los adultos están ocupados construyendo los nidos y alimentando a las crías. Si me muevo lentamente, me ignoran. Los polluelos a veces son muy curiosos y se acercan a mirarme.

P **¿Los pingüinos son ruidosos?**

R Un par de pingüinos no hace mucho ruido, pero si hay cientos de ellos arman un escándalo.

P **¿Te ha picado alguna vez un pingüino?**

R No, pero uno trató de comerse mi bota... bueno, no me dolió.

P **¿Huelen mal las colonias de pingüino?**

R Las colonias se ven limpias y no huelen... hasta que la nieve se derrite. Pero cuando las crías crecen un poco y empiezan a pisotear la caca, entonces sí huelen mal. ¡Pero mucho peor huelen los elefantes marinos!

P **¿Cuál es tu pingüino preferido?**

R Normalmente es el último que vi. Los emperadores son grandes y apacibles. Los de Adelia son pequeños y valientes. Los papúa son callados y dulces... hasta que comienzan a pelear. ¡Todos me encantan!

pingüino emperador

La foto premiada

En 1995, Cherry Alexander ganó un premio por esta increíble foto de pingüinos barbijos en un iceberg.

La foto perfecta

Tener una buena cámara no es lo único que se necesita para tomar buenas fotos. Hay que saber cómo usar la luz... y tener mucha paciencia. Para tomar una fabulosa foto de pingüinos como esta, a veces hay que esperar varias semanas.

La congelación y la descongelación pueden dañar las cámaras. Los fotógrafos tienen que cuidarse de las temperaturas extremas.

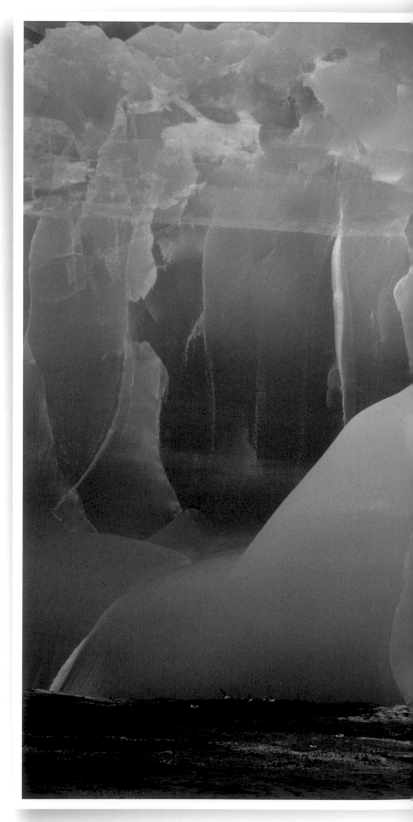

Los animales son difíciles de retratar, pues se mueven

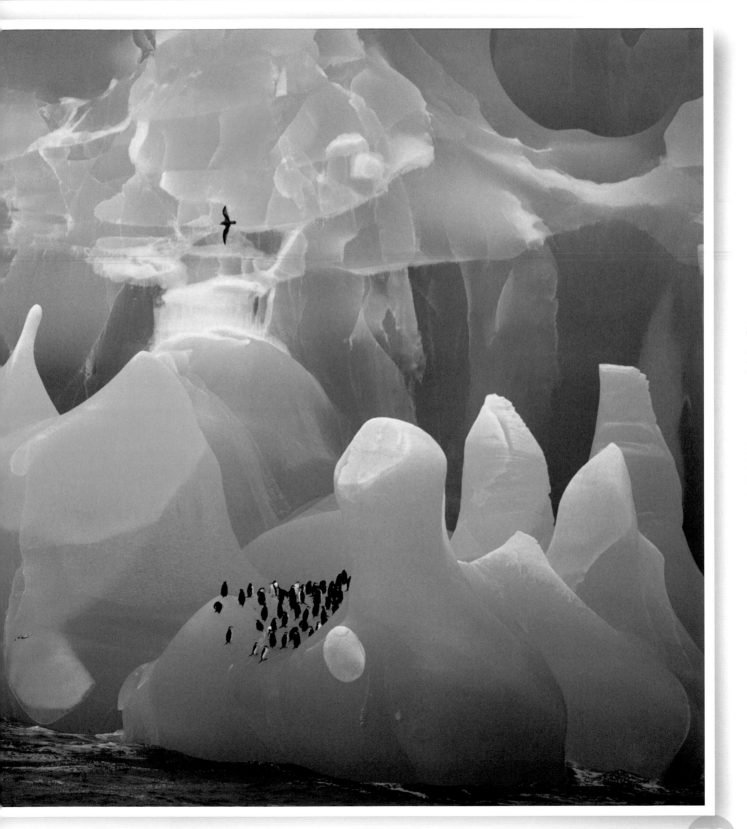

mucho. Intenta retratar los animales que ves en tu patio.

Protección de los pingüinos

Los seres humanos han puesto a los pingüinos en peligro al construir en sus áreas de cría. Muchas personas del mundo tratan de proteger a los pingüinos para que tengan un futuro mejor.

El pingüino de Galápagos está aún en peligro, pero pronto podría salir de la lista de especies en peligro de extinción.

En las Islas Galápagos hay muchas leyes nuevas para la protección de los pingüinos.

Refugios naturales

Algunos países han aprobado leyes para proteger a los pingüinos. Esas leyes regulan la pesca en las áreas donde viven los pingüinos y prohíben el turismo durante la época de cría.

En el zoológico

Muchos zoológicos crían pingüinos. Las personas que los cuidan los observan atentamente para entender su comportamiento. Esa información es muy útil para proteger a los pingüinos que viven en su hábitat natural.

Casi todas las especies de pingüino están "en riesgo". Pero

Amenazadas

Estos seis pingüinos
están en peligro. Busca
los símbolos amarillos
que hay en este libro
para identificarlos.

Para salvar al pingüino azul

Los residentes locales
de la Bahía de Sydney,
Australia, están
tomando medidas
para proteger a las 60
parejas de pingüinos
azules que tienen sus
crías en esa área.

*Hay personas que vigilan el
área de cría y la mantienen
libre de depredadores.*

*Etiquetan a los pingüinos
para estudiarlos a lo largo
de todo el año.*

*Los pingüinos de
Humboldt son la especie
que más comúnmente se
puede hallar y criar en los
parques zoológicos.*

Aprende más ◄◄◄
sobre el daño que causó a
los pingüinos un derrame
de petróleo en la pág. 42.

75

seis están "amenazadas", es decir, en peligro de extinción.

Glosario

Amenazada
En peligro de extinción.

Antártida
Continente donde está el Polo Sur. La mayor parte de la Antártida está cubierta de hielo.

Bandada
Grupo de aves de la misma especie que viven, viajan y comen juntas.

Camuflaje
Coloración natural que permite a los animales ocultarse confundiéndose con su entorno.

Colonia
Grupo numeroso de animales que viven juntos.

Cresta
Mechón de plumas en la cabeza de un pingüino.

Crustáceo
Animal marino con esqueleto externo, como el cangrejo.

Ecuador
Línea imaginaria alrededor del centro de la Tierra, a igual distancia del Polo Norte y del Polo Sur.

Extinta
Especie de la que no hay ejemplares vivos y solo se conoce por fósiles o documentos históricos.

Fósil
Hueso, concha o resto petrificado (hecho piedra) de un animal o planta que vivió hace millones de años.

Grasa
La gruesa capa que algunos animales tienen bajo la piel y que los protege del frío.

Guano
Estiércol de aves marinas que se usa como fertilizante.

Guardería
Grupo de animales jóvenes reunidos en un lugar para ser cuidados y protegidos por uno o más adultos.

Iceberg
Gran masa de hielo que se desprende de un glaciar y flota a la deriva en el mar.

Pingüinos rey de las Islas Malvinas entrando en el mar.

Impermeable
Que no deja pasar el agua.

Krill
Diminuto animal marino parecido al camarón.

Madriguera
Cueva o agujero en el suelo que hace o usa un animal como refugio.

Mamífero
Animal de sangre caliente cubierto de pelo. Las hembras producen leche para alimentar a sus crías.

Muda
Proceso en el que a las aves se les caen las plumas viejas para que puedan crecer las nuevas.

Nido
Lugar seguro construido por las aves para poner sus huevos y cuidar sus crías.

Orca
Mamífero marino muy grande, también llamado ballena asesina.

Patas palmeadas
Patas que tienen los dedos conectados por una membrana.

Petróleo
Líquido grasiento que no se mezcla con el agua.

Plumaje
Las plumas de un ave.

Población
Total de individuos vivos de una misma especie.

Polar
Cercano o relacionado con las frías zonas del Polo Norte o el Polo Sur.

Polluelo
Ave muy joven.

Selva tropical
Denso bosque tropical donde llueve mucho la mayor parte del año.

Yema
La parte amarilla del huevo.

Índice

Los polluelos de pingüino emperador se acurrucan para calentarse.

Agradecimientos

Créditos fotográficos

1: Paul Souders/Corbis; 4–5: iStockphoto; 6: Frans Lanting/Corbis; 7tl, 7tr: Planetary Vision; 7bl, 7br: iStockphoto; 7bc: LMR Media/Alamy; 8l: iStockphoto; 8cl: Andrew Walmsley/Alamy; 8cr: Janelle Lugge/Shutterstock; 8r: Abraham Badenhorst/Shutterstock; 9l: Kevin Schafer/Alamy; 9cl: iStockphoto; 9cr: Eric Isselée/Shutterstock; Yevgenia Gorbulsky/Shutterstock; 10l, 10r: iStockphoto; 10cl: Dan Leeth/Alamy; 10cr: Kevin Schafer/Corbis; 11l, 11cr: iStockphoto; 11cl: Eureka/Alamy; 11r: amana images inc./Alamy; 12l: david tipling/Alamy; 12r: Tui de Roy/Minden Pictures/National Geographic Stock; 12–13 (detrás): Adam Jones/Science Photo Library; 13tl: Planetary Vision; 13b: Planetary Vision; 14t: Gareth Weeks/Shutterstock; 14b: Frans Lanting; 15t: Alessandrozocc/Shutterstock; 15m: Frans Lanting; 15b: Goran Ehlme/ArcticPhoto; 16tl, 16mc, 16mr, 16–17: B&C Alexander/ArcticPhoto; 17tl: Corbis/photolibrary; 18–19: Solvin Zankl/Nature Picture Library; 20m: Ecocepts International/ArcticPhoto; 20r: Doug Cheeseman/Photolibrary; 20bl: Colin Monteath/Photolibrary; 21tl: Martin Zwick/Photolibrary; 21m, 21br, 21bc: Ecocepts International/ArcticPhoto; 22t: Chris Newbert/Minden Pictures; 22l: Ingo Arndt/Nature Picture Library; 22mr: Wildlife GmbH; 22b: Dante Fenolio; 23t: James Balog/Getty Images; 23b: T. Jacobsen/ArcticPhoto; 24–25: Brandon Cole/Visuals Unlimited, Inc.; 25tr: Roy Toft/National Geographic Stock; 25m: Martin Harvey/Photolibrary; 25bl: Njosephoto/Alamy; 25br: Krys Bailey/Alamy; 26tl: iStockphoto; 26ml: Planetary Vision; 26br: Norbert Probst/Photolibrary; 27t: blickwinkel/Alamy; 27m: Mary Plage/Photolibrary; 27b: Daniel Cox/Photolibrary; 28tl: Eric Isselée/Shutterstock; 28ml: Planetary Vision; 28mc: Paul Taylor/Getty Images; 28bc: Ecocepts International/ArctiPhoto; 29tl: Andy Rouse/NHPA.co.uk; 29tr: Yevgenia Gorbulsky/Shutterstock; 29bl: Joe & Mary Ann McDonald/Visuals Unlimited, Inc.; 29br, 30tl: Planetary Vision; 30bl: iStockphoto; 30bc: amana images inc./Alamy; 30br: BJI/Getty Images; 31t: UT/Austin; 31m: Katie Browne/Jackson School of Geosciences, University of Texas at Austin; 31b: UT/Austin; 32tl: Dan Leeth/Alamy; 32bl: Planetary Vision; 32br: Ecocepts International/ArcticPhoto; 33tr Kevin Schafer/Alamy; 33bl: Tui De Roy/Minden Pictures/Getty Images; 33br: Planetary Vision; 34tl: iStockphoto; 34bl: Planetary Vision; 34–35: Nigel McCall/Alamy; 35tl: Daisy Gilardini/Getty Images; 35tc: Karen Debler/Alamy; 35tr: Solvin Zank/Nature Picture Library; 36tl: Andrew Walmsley/Alamy; 36bl: Planetary Vision; 36br: Tui De Roy/Minden Pictures; 37tr: Janelle Lugge/Shutterstock; 37bl: Frans Lanting Studio/Alamy; 37br: Planetary Vision; 38tl: Kevin Schafer/Corbis; 38bl: Planetary Vision; 38–39: Jan Vermeer/Fn/Minden Pictures/National Geographic Stock; 39tl: Frans Lanting Studio/Alamy; 39tc: Ben Osborne/Photolibrary; 39tr: The Print Collector/Collection: Heritage/AGE FOTOSTOCK; 40tl: Abraham Badenhorst/Shutterstock; 40bl: Planetary Vision; 40br: infocusphotos.com/Alamy; 40–41: Arco Images GmbH/Alamy; 41t: Danita Delimont/Alamy; 42t: Associated Press; 42bl: Anna Zieminski/Newscom; 42br: Mike Hutchings/Reuters; 43t: Martin Harvey/Photolibrary; 43bl: Mike Hutchings/Reuters; 43br: AFP/Getty Images; 44tl: iStockphoto; 44bl: Planetary Vision; 44br: Tui De Roy/Minden Pictures/National Geographic Stock; 45tl: Fred Bavendam/Minden Pictures/ National Geographic Stock; 45tr: LMR Media/Alamy; 45bl: Ecocepts International/ArcticPhoto; 45br: Planetary Vision; 46–47: Bryan and Cherry Alexander Photography; 48tr: Steve Bloom Images/Alamy; 48b: B&C Alexander/ArcticPhoto; 49tl: iStockphoto; 49tc: Volodymyr Goinnyk/Shutterstock; 49tr: A_SH/Shutterstock; 49b: Ingo Arndt/Minden Pictures/National Geographic Stock; 50tr: Rick Price/Photolibrary; 50bl: iStockphoto; 51tl: Ecocepts International/ArcticPhoto; 51tc: iStockphoto; 51tr: Peter Arnold, Inc./Alamy; 51b: Volodymyr Goinyk/Shutterstock; 52bl, 52bc, 52br: iStockphoto; 52–53: Daisy Gilardini/Science Faction/Corbis; 53tl, 53br: Frans Lanting/Corbis; 54tl, 54bl: iStockphoto; 54–55: Ecocepts International/ArcticPhoto; 55tl: Specialist Stock/Corbis; 55tr: Gregory G. Dimijian/Photo Researchers, Inc.; 55bl: Malcolm Schuyl/Alamy; 55br: Gentoo Multimedia Ltd; 56tl: iStockphoto; 56bl: Planetary Vision; 56br: Tui De Roy/Minden Pictures/National Geographic Stock; 56–57: Maria Stenzel/National Geographic Stock; 57tl: iStockphoto; 57tr: Yva Momatiuk & John Eastcott/MI/National Geographic Stock; 58tl: iStockphoto; 58br: Planetary Vision; 58–59: Tim Davis/Corbis; 59mr: B&C Alexander/ArcticPhoto; 59br: T. Jacobsen/ArcticPhoto; 60–61: Frans Lanting/Frans Lanting Stock; 62l: Yva Momatiuk & John Eastcott/Minden Pictures/National Geographic Stock; 62c: Barbara Cushman Rowell/Mountain Light/Alamy; 62–63: Momatiuk – Eastcott/Corbis; 63tr: Eureka/Alamy; 63br: Planetary Vision; 64tl: iStockphoto; 64br: Planetary Vision; 64–65: Loïc André/Photolibrary; 66tl: Ingo Arndt/Minden Pictures/National Geographic Stock; 66tr: Robert Schoen/Photolibrary; 66bl: Paul Souders/Corbis; 66br, 67tl: D. Rootes/ArcticPhoto; 67tr: Goran Ehlme/ArcticPhoto; 67bl: Tui De Roy/Minden Pictures/National Geographic Stock; 67br: David Tipling/NHPA; 68–69: K.Robinson/ArcticPhoto; 70tr, 70b: B&C Alexander/ArcticPhoto; 71br, 72bl: Bryan and Cherry Alexander Photography; 72–73: B&C Alexander/ArcticPhoto; 74tl: Norbert Probst/Photolibrary; 74tc: Planetary Vision; 74m: Eric Isselée/Shutterstock; 74bl: A Room with Views/Alamy; 74–75 (frente): Eric Isselée/Shutterstock; 74–75 (detrás): Junker/Shutterstock; 75tl (desde la izquierda): iStockphoto, iStockphoto, iStockphoto, Abraham Badenhorst/Shutterstock, iStockphoto, Kevin Schafer/Alamy; 75mc, 75mr: David Gray/Reuters; 75b: Eric Iselée/Shutterstock; 76–77: iStockphoto; 79: David Tipling/NHPA.

Los créditos por las imágenes de las páginas 2–3 se pueden ver en las páginas 4–5, 62–63, 76–77 y 78–79.

Créditos de cubierta

Frente tl: Jim Doberman/Getty Images; m (frente): Frans Lanting/Corbis; m (detrás): George Steinmetz/Corbis; bl: Dorling Kindersley/Getty Images; br: DK Ltd/Corbis; b (detrás): Gyro Photography/amanaimagesRF/Getty Images. Back tl: Ben Cranke/Getty Images; tcl: Norbert Wu/Getty Images; tcr: DLILLC/Cobis; tr: Martin Harvey/Getty Images; b (detrás): Gyro Photography/amanaimagesRF/Getty Images.